Mama

mamusia

Papa

tatuś

Junge

chłopiec

Mädchen

dziewczynka

1 eins

jeden

2 zwei

dwa

3 drei

trzy

4 vier

cztery

5

fünf

pięć

6

sechs

sześć

7

sieben

siedem

8

acht

osiem

9

neun

dziewięć

10

zehn

dziesięć

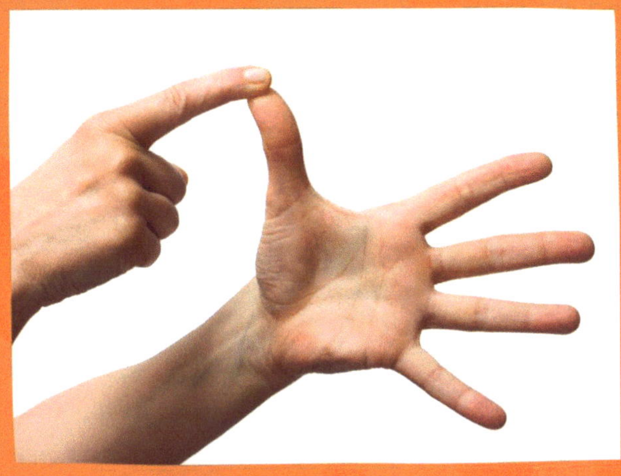

zählen

liczyć

schreiben

pisać

zeichnen

rysować

malen

malować

Kreis

koło

Quadrat

kwadrat

Rechteck

prostokąt

Dreieck

trójkąt

Stern

gwiazda

schwarz

czarny

weiß

biały

braun

brązowy

rot

czerwony

blau

niebieski

gelb

żółty

grün

zielony

lila

fioletowy

grau

szary

orange

pomarańczowy

rosa

różowy

Apfel

jabłko

Banane

banan

Ananas

ananas

Wassermelone

arbuz

Birne

gruszka

Weintrauben

winogrona

Mango

mango

Pfirsich

brzoskwinia

Erdbeere

truskawka

Kirsche

wiśnia

Orange

pomarańcza

Kokosnuss

kokos

Zitrone

cytryna

Pilz

grzyb

Mais

kukurydza

Tomate

pomidor

Kürbis

dynia

Gurke

ogórek

Karotte

marchewka

Kartoffel

ziemniak

Zucchini

cukinia

Spinat

szpinak

Blumenkohl

kalafior

Ei

jajko

Teller

talerz

Löffel

łyżka

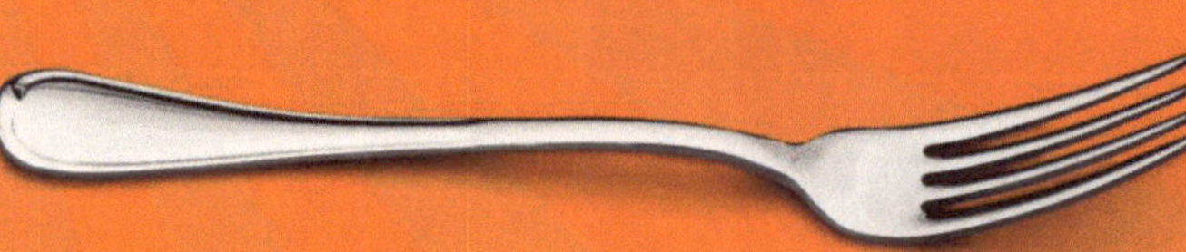

Messer

nóż

Gabel

widelec

Kuchen

ciasto

Babyflasche

butelka dla niemowląt

Süßigkeiten

cukierki

Käse

ser

trinken

pić

essen

jeść

heiß

gorący

kalt

zimny

klein

mały

groß

duży

 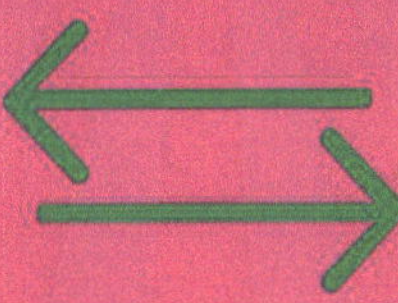 

kurz

krótki

lang

długi

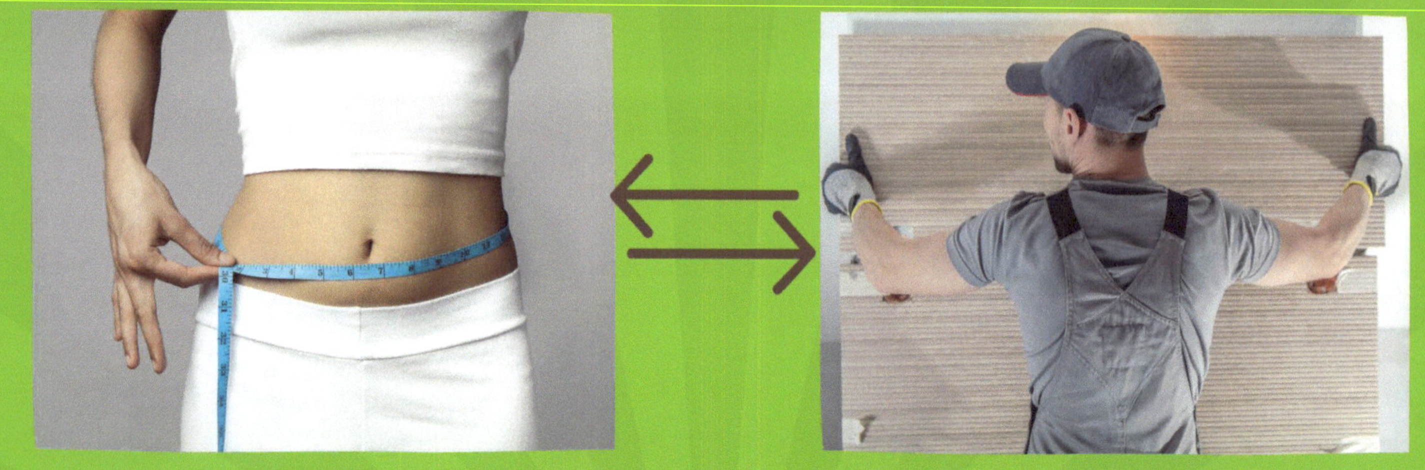

dünn

cienki

groß

duży

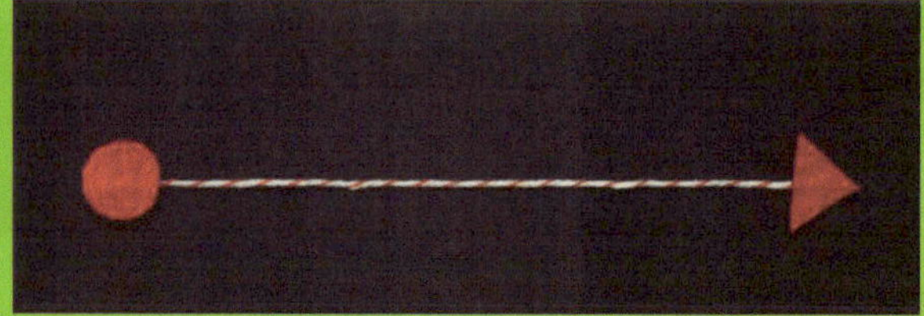

leicht

łatwy

schwierig

trudny

aufstehen

wstawać

hinsetzen

usiąść

süß

słodki

salzig

słony

schwer

ciężki

leicht

lekki

in

w

aus

na zewnątrz

dreckig

brudny

sauber

czysty

schließen

zamknięty

öffnen

otwarty

Bleistifte

ołówki

Uhr

zegar

Schlüssel

klucz

Buch

książka

Bett

łóżko

Krippe

łóżeczko

Tisch

stół

Stuhl

krzesło

Auto

samochód

Fahrrad

rower

Flugzeug

samolot

Boot

łódź

Zug

pociąg

Hubschrauber

helikopter

Feuerwehrauto

wóz strażacki

Feuerwehrmann

strażak

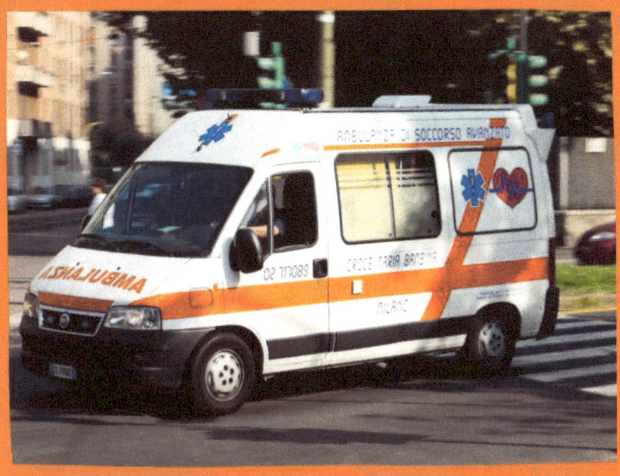

Krankenwagen

karetka

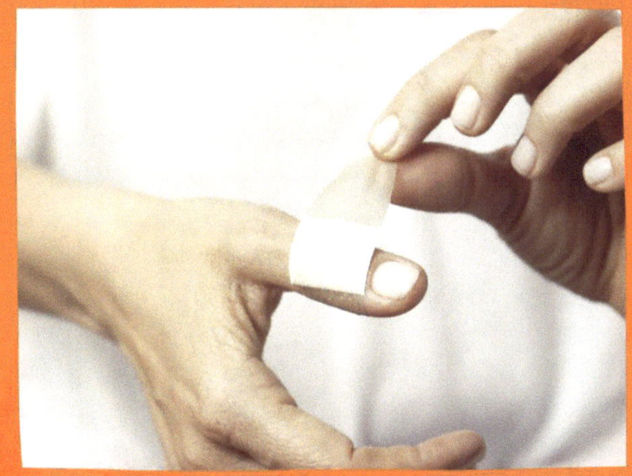

Verband

bandaż

Rettungssanitäter

ratownik medyczny

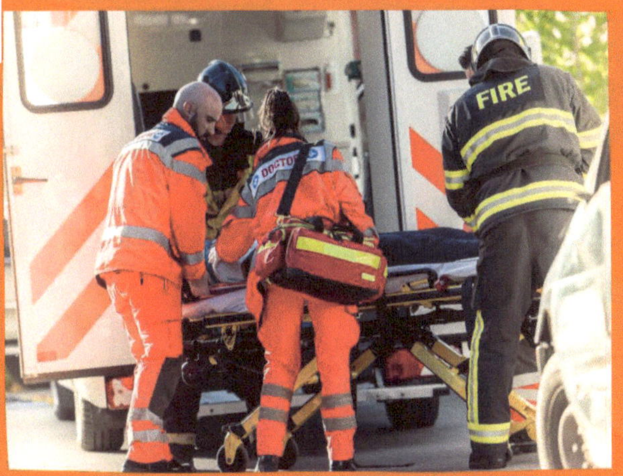

Rettungsteam

zespół ratowniczy

Wald

las

Berg

góra

Gras

trawa

Sand

piasek

Baum

drzewo

Blume

kwiat

Schmetterling

motyl

Ameise

mrówka

Katze

kot

Hund

pies

Pferd

koń

Maus

mysz

Kuh

krowa

Schwein

świnia

Schaf

owca

Ente

kaczka

Gans

gęś

Hase

królik

Fisch

ryba

Tierärztin

weterynarz

Doktor

lekarz

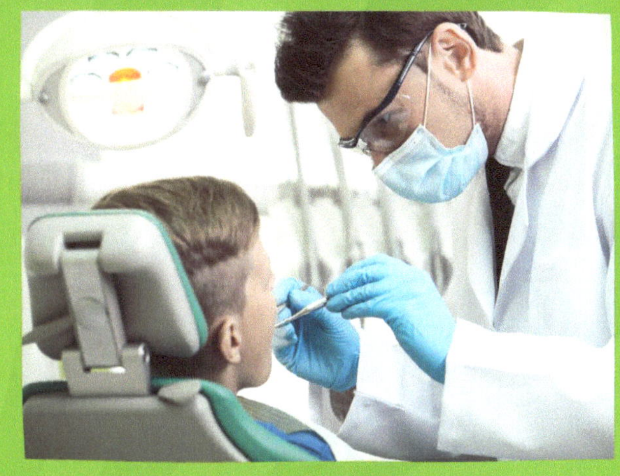

Zahnarzt

dentysta

Apotheker

farmaceuta

Krankenschwester

pielęgniarka

Kopf

głowa

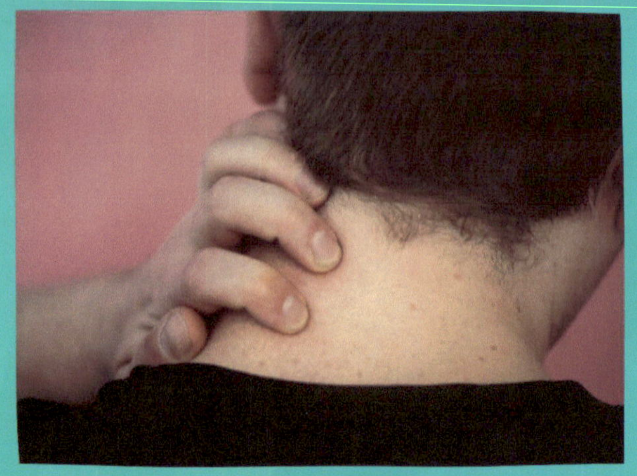

Hals

szyja

Fuß

stopa

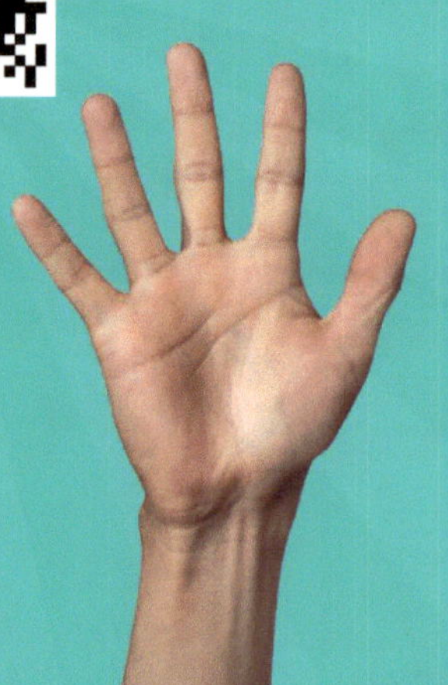

Hand

ręka

Zähne

zęby

Auge

oko

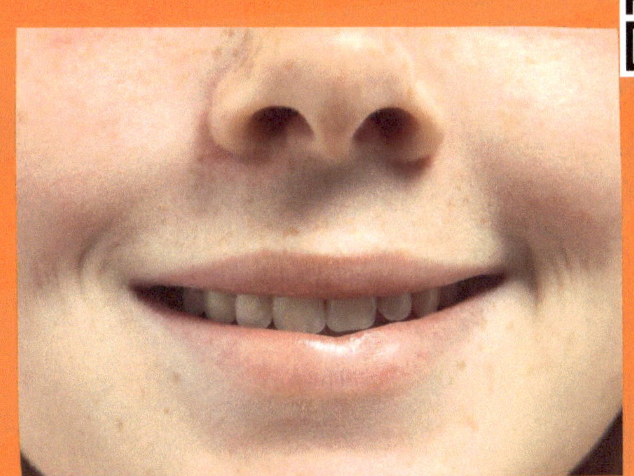

Mund

usta

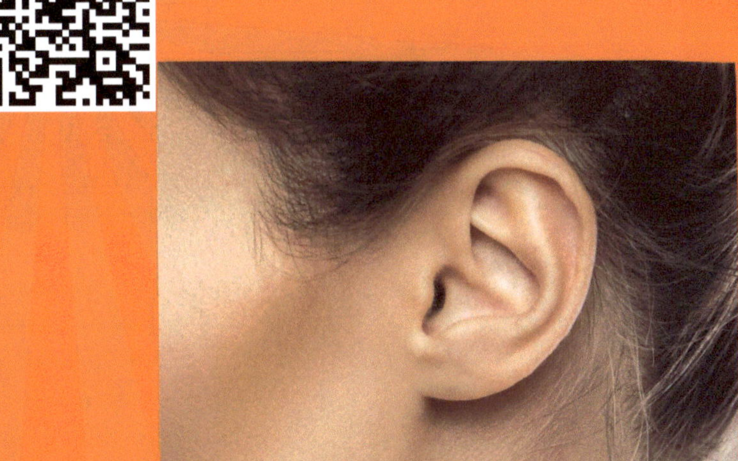

Ohr

ucho

Hut

kapelusz

Hose

spodnie

Kleid

sukienka

Schuhe

buty

Mantel

płaszcz

Schal

szalik

Regenschirm

parasol

Brille

okulary

Sonne

słońce

wolkig

pochmurny

regnerisch

deszczowy

Mond

księżyc

www.ingramcontent.com/pod-product-compliance
Lightning Source LLC
Chambersburg PA
CBHW042057110726
48006CB00002B/431